아버지의 호박꽃

오름시인선 · 66

아버지의 호박꽃

이상철

Orum Edition

/ 시인의 말 /

나에게 시란 무엇일까?
한마디로 배움이다.
세상을 배우고,
사람한테서 배우고,
자연에게서 배우고,
우주로부터 배우는 것이다.
그 배움은 관찰과 발견으로부터 시작된다.
발견은 소중한 가치를 깨닫는 데 있다.
가치는 정해져 있지 않다.
다만, 더 바람직하고
옳은 길이 무엇인지 탐색할 뿐이다.

제 문학세계는 고등학교 때로 거슬러 올라갑니다. 동아리에 소속되지는 않았지만 공주 금강을 산책하고, 산길을 오르내리면서 떠오르는 생각을 노트에 끄적거렸습니다. 대학교에 입학하고, 문학동아리에 들어가서야 본격적으로 시를 만났습니다. 선배들의 시와 제 시에 대한 합평도 하고, 비판도 받으면서 고뇌했습니다. 백석, 김수영, 박노해, 오규원, 김광규

등 좋아하는 시인들의 시집을 옆구리에 끼고 산길과 들길에서, 그리고 책상 위에서 읽고 또 읽으며 공부했습니다.

    시인이 되기까지, 그 길에는 나의 독특한 아픔과 상처를 극복하는 과정이 있었습니다. 문학을 만나면서 서서히 나만이 아니라 아픔과 상처를 가진 작가들이 많음을 알게 되었습니다. 그리고 그들이 문학을 통해 지적 성장뿐 아니라 인생의 성장을 향해 걸어갔다는 것도 깨달았습니다.

    그러나 제 시의 도착점은 멀기만 합니다. 아직 시인으로서 충분한 위치에 서지 못했기 때문입니다. 2008년에 등단하고, 2017년에 첫 시집 『우산 하나』를 냈습니다. 이번에는 배움의 길 복판에서 만났던 귀한 것들을 제 2시집에 담았습니다. 앞으로도 많은 배움의 길을 만날 것입니다.

    끝으로, 바쁜 와중에도 시간을 쪼개어 섬세하게 평설을 써주신 안현심 교수님께 감사의 마음을 올립니다. 마지막까지 꼼꼼하게 편집해 주신 기획출판오름 김태웅 사장님께도, 표지 디자인 조언을 해 준 동생 이상훈 대표(디자인전문회사 디코드)에게도 깊은 감사의 마음을 전합니다.

/ 차례 /

시인의 말 _ 004

제1부 | 자연과 사람에 대한 깨달음

무게 _ 013

바다에게 _ 014

씨앗 _ 015

첫뿌리 _ 016

줄기 _ 017

열매 _ 018

무궁화 _ 019

겨울산 상록수 _ 020

돌매화나무 _ 021

단풍잎 _ 022

감나무 _ 023

메꽃이 나에게 준 짧은 편지 _ 024

모래성 _ 025

솔숲에서 _ 026

눈물 _ 027

빼기의 미학 _ 028

거제도의 몽돌 _ 029

온전한 사랑을 위해 _ 030

천리향 사랑 _ 031

사랑꽃은 저절로 피지 않는다 _ 032

사랑으로 산다는 것은 _ 034

사랑이라는 이름 _ 036

사랑의 길 _ 038

작은 심장에게 _ 040

제2부 | 소박한 일상의 성찰과 배움

책 읽는 너 _ 047

시를 쓴다는 것 _ 048

빨간 신호등 _ 049

얼음 _ 050

꿈은 속이지 않는다 _ 052

여백의 미 _ 054

술 담그는 인생 위에 _ 056

구두 _ 057

두 팔로 사랑하기 _ 058

늘 웃는 얼굴로 _ 060

천둥치는 날 _ 061

이사를 준비하며 _ 062

가을비 · 1 _ 063

가을비 · 2 _ 064

해도 · 1 _ 065

해도 · 2 _ 066

빈 들 _ 067

헤아리다 _ 068

아들을 혼낸 후회 _ 069

한 움큼 _ 070

내 안에 자라는 탱자나무 _ 071

지도자의 길 탐구하기 _ 072

말의 중요성 탐구하기 _ 073

눈부신 가로등에게 _ 074

배가 나오면 _ 075

섬마을 할머니 말씀 _ 076

쓰레기 더미 _ 077

제3부 │ 한국문학시대 및 문학지에 게재된 작품

강화도 통일전망대 _ 081

임진각 한겨울 _ 084

어떤 결정 _ 086

측백나무 _ 088

회양목 _ 090

상사화相思花 _ 091

작은 행복 _ 092

바람 _ 094

8월 _ 095

보는 것과 보이지 않는 것 _ 096

의미없는 것들 _ 098

듣는다 _ 100

아버지의 호박꽃 1~6 _ 102

첫문장·1 _ 106

부부로 산다는 것 _ 108

조팝나무 _ 109

쓰레기통 _ 110

유홍초留紅草 _ 112

별을 바라보다가 _ 113

기다리다 보니 _ 114

삶에 대한 관망觀望 _ 115

슬픔에도 심장이 있다 _ 116

행복 _ 118

/ 해설 / _ 120 _ 관찰과 발견, 연민의 시학 _ 안현심

제1부

자연과 사람에 대한 깨달음

무게

바다에도 무게가 있다
시간에도 무게가 있다
흘려보낸 시간 안에는 언제나
무게가 있다
모든 삶속에 언제나
진실한 무게가 있다
세상살이 어디 쉬운 일 있었던가.

바다에게

나는 너의 엄마, 아빠가 부럽다
너 같은 보석을 세상에
남겨 놓았으니
내가 아무리 나쁜 마음을 안고 와도
그 나쁜 마음을 실컷 토해내도
너는 정말로
나를 푸른 마음으로
환영해 주는구나.

씨앗

단단한 땅보다
더 단단한 너
작고 하찮고
보잘 것 없다고
깔보던 사람 앞에
거대한 나무가 된다
바람이 있을 때
눈부신 햇살이 쏟아질 때
비로소 너의
연약한 순수로 인해
세상은 푸르게 더 단단해진다.

첫뿌리

내려갈수록

모든 생은 확정짓는다

땅속으로 파고든 순간

그 자리에 꼼짝없이 묶인다

거친 눈보라, 폭풍우가 몰려와도

찬 서리와 가뭄에도

숲속 굶주린 입들이 찾아와도

온몸으로 견뎌야 한다

견뎌낸 자만이

뿌리로 인정받는다

깊이 들어갈수록

질긴 힘을 쏟아낸다

단단한 땅을 움켜잡은 자만이

뿌리라 부르게 된다.

줄기

매순간 보지 않아도 자란다
일반적 법칙을 뒤집어
자란다는 것은
잠시 휴식하고 다시 시작하는 거야
위로만 오르는 것만이 아니라
옆으로도 뻗어가기도 하고
때로는 아래로 내려가기도 하지
쎈 바람에도 제 몸을 내주고
수많은 새들에게도 제 몸의 일부를
아무런 불평없이 내주지
작은 벌레에게도 제 몸을 내주고도
바람에 맞춰 춤을 추며
마냥 행복해 하는 거야

열매

가장 거대한 폭풍이 지나간 후
수많은 열매가 땅에 떨어졌다
이 몹쓸 상황에
넋이 나간 농민이 생각해 낸
명쾌한 통찰洞察 하나
그 거대한 폭풍에도 견뎌낸 열매의 가치
이 가치를 가장 소중한 사람에게
선물을 하도록 한다면
거센 시련을 견뎌낸 수험생이
이 열매를 먹는다면
합격할 것이라는 메시지를 담아 홍보한 끝에
폭풍을 견뎌낸 적은 열매로도
전년도보다 더 많은 돈을 벌게 되었다는
목사님의 묵직한 설교 말씀 한마디
그렇다면 나에게 남은 열매는
과연 무엇이 있으며,
몇 개나 온전히 남아 있을까?

무궁화

끝이 어딘가
끝이 있기를 원하는가
끝이 없기를 원하는가
끈기만 있다면 끝까지 존재하지 않던가
꽃이 필 때도
꽃이 질 때도
처음 맺은 굳은 약속
오랫동안 지키는 것이리라

겨울산 상록수

겨울은 어느 누구에게나
기나긴 여행이다
긴 시간을 견뎌내야 하는 여행이다
긴 시간을 여행하기 위해서
푸른 마음이 되어야 하는 것이다
푸른 몸이 되어야 하는 것이다
매서운 칼바람을 이겨내는 일이야말로
몸 안에 남은 액체가
얼지 않도록
신뢰할 수 있는 존재를 찾아
햇빛에게 가슴을 펴 보이는 것이다
낮이 짧아질수록
온 몸으로 발돋움하며
가슴을 더 펴는 것이다.

돌매화나무

바위 틈에서 자란
작은 나무
작은 꽃일지라도
깊은 향을 내는
너의 거대한 용기가 부러워라
수많은 바람을 이겨내고
눈 쌓인 제주도 고산지역에서
강한 바다 바람에도
끄덕하지 않고
꽃을 피워낸다는 너의
찬란한 심장이 부러워라
나는 언제 한번
너 같은 눈빛이 되어
깊은 향기를 뿜어낼
작은 꽃을 피워낼 수 있을까.

단풍잎

날씨가 추워질수록
바람이 불면 불수록
붉게 물들고 물들어
그 무게
더해지고 더해져
우주의 무게 감당하지 못했는지
툭
그만
뿌리를 향해
떨어지는구나.

감나무

사랑할 때
꽃 핀 것만 생각지 말라
더 깊어지기 위해
더 오래 살기 위해
저 감나무를
바라보라
커다란 감나무도
처음엔 작은 씨앗이었으니
비바람에
단단해졌던 줄기였으니
비바람에도 묵묵히 자라났던 것을,
열매가 주렁주렁 열리는 가을보다
뜨거웠던 여름날이 더 많았음을
생각하라

메꽃이 나에게 준 짧은 편지

울지마
왜 자꾸 이 비탈길로 와서
쭈그려 앉은 채
한참 울다가 가니
네 안에 감고 있는
슬픔이 있다면
천천히 풀어
나에게 줘봐
나는 내일도
태양을 향해
돌돌 몸을 흔들며 올라 갈테니.

모래성

욕심 부리지마
자꾸 쌓겠다고
옮겨 다니다가
발 한발 잘못 디디는 순간
한 번에 통째로 무너지니까.

솔숲에서

멈추지 않았다면
어찌 알 수 있었으랴
이토록 깊은 숲속 솔향을
많은 것을 잃어버린 상황에
애달파 산행을 하였던들
이 산행에서도
멈추지 않았다면
저 나무들이 품어낸 향기를
만날 수나 있었으랴
세상살이가 다 흔들려야만
비로소 향기를 내는 것일까
작은 돌멩이 위에 서 있어도
멈추고 선 이 순간이
때로는 환희라는 것을.

눈물

이것은 시련을 이겨낸
작은 용기에서 나오지
부끄러워 할 필요도 없어
남몰래 흘릴 때나
남이 알아주도록 흘릴 때나
용감해 지는 거야
이것 때문에
무엇인가 성취할 수 있는 기회가
숨어있다는 것을 깨달을 수도 있지
실컷 울고 난 뒤
내 안에 가득 찬 용기와 위안을
가슴 깊이 안을 수 있으니 말이지
이것은 세상 어떤 것보다
강철같은 힘이 있는지도 몰라
이세상 어떠한 권력자도
마지막까지 빼앗지는 못하니까.

빼기의 미학

빼지 않으면
걱정도 살이 찐다
몸의 살은 빼는 것보다
마음의 살 하나
빼는 것이 더 소중하지 않을까
마음에 웅크리고 있는
쓸데없는 욕심 하나
빼지 않으면
걱정이 날마다
더 살이 찔 것이다.

거제도의 몽돌

어쩌면

돌이 무겁다고 하는 사람은

사랑을 몰라서 그럴거야

물결이 왔다 가면

온 몸을 움직이는데

거대한 바다를 힘껏 안고 뒹구는

작은 돌처럼

우리들의 사랑도

또르르 또르륵

평생 맑은 소리를 내며

온 몸을 던지고 뒹구는거야

그래야만 동그랗고

잡을만한 사랑이 되겠지.

온전한 사랑을 위해

어느 한 순간도
아름다운 음악이 흐르지 않은 날 없듯
마지막 순간까지도
눈 내린 산
바다같은 그대 목소리
내 곁에 함께 하나니
아침의 햇살같은 그대 얼굴
내 마음에 동행同行하나니
거대한 수미산도 작은 겨자씨에 들어가듯
사람 마음 안에 사람 안고 있는
사랑하는 이여!
겨자씨 한 알만한 믿음으로
나를 늘 안아주는 단단한 힘으로
웃음주는 그대여!
피아노 건반위에 올렸던 손 하나
그대의 어깨위에 얹고
행복한 반석磐石을
날마다 온전히 만들리라.

천리향 사랑

그대가 남긴 웃음소리
집에 돌아올 때까지
내 마음에 남아 있네
그대가 남긴 진한 향기
멈춰 섰던 나의 심장을
다시 뛰게 했고
그대가 남긴 소중한 약속의 말들
내 사랑의 뿌리가 되고
천리까지 다다를
지혜의 샘을 만들었네
온전한 사랑을 위해
거대한 바위였던 내가
날마다
세찬 물살에 깎여
작은 조약돌이 될지라도
그대 곁에 있으리라
지금 이 진한 향기가
사랑이라면 그대 곁으로
분홍빛 꽃을 안고
힘차게 달려가리라.

사랑꽃은 저절로 피지 않는다

오고 간 발걸음의
뜨거웠던 숨결로만
마주보고 내놓은
따뜻한 언어로만
아쉬워 보내지 못하고
뒤돌아섰던 하얀 그림자로만
사랑꽃은 피어난다

푸른 물이 그득한 바다
섬세하여 눈부신 하늘
그 푸르른 마음일 때
사랑의 뿌리가 샘솟고
간절한 힘으로 손을 붙잡고
진실한 몸으로만
오랜 시간 함께 할 때
사랑꽃은 피어난다.

뜨거운 숨결과
따뜻한 언어
그 사람의 심장속 그림자까지

가까이 곁에 둘 때만
영원히 푸른 빛
사랑꽃은 지지 않는다.

사랑으로 산다는 것은

사랑으로 산다는 것은
빗방울이 떨어지면
단단한 땅에 새싹이 올라오듯
함께 꿈꾸는 작은 소망이
푸른 날개짓으로 솟아나는 것

힘들 때도 지치지 않은 눈빛으로
맑고 웅장한 그대의 목소리처럼
예상치 못하게 내리는 소낙비처럼
뜨거웠던 날씨마저 시원하게 하는 것

내 안에 쌓아놓은
무거운 돌 하나 내리고
그대와 바라보는 곳에 가장 빛나는
말의 잔치를 만들어내는 것

사랑으로 산다는 것은
하얗게 말린 옷을 거두며
마냥 소리없이 미소짓고

사랑하는 사람, 행복한 마음 될 때까지
식탁 위에 하얀 빵과 장미꽃을
한가득 올려놓는 것

사랑이라는 이름

내 작은 집의 발판 위에
여전히 긴장된 입술 위에
권태의 벽을 무너뜨리고
곧게 뻗어 나간 큰길 위에
초목마다 내려 앉은 햇살 위에
반짝이는 모든 빛으로
너의 이름을 놓는다.

불 켜진 식탁 위에
그대의 노래가 남아 있는
맑은 물방울 위에
아직도 낯선 시간과 공간 위에
날마다 깨끗한 눈빛으로 빛나는
커다란 거울속으로
너의 이름을 부른다.

아무도 밟지 않은 눈 위에
구체적인 진실의 종이 위에
급히 달려온 그대의 발걸음에
아직도 다 맺지 못한

눈부신 약속이 되도록
컴퓨터 자판처럼 샘솟는 이 시간에
너의 이름을 안는다.

사랑의 길

보이지 않는 바람도
길이 없는 곳에 길을 만들려
용기勇氣를 품고 달려왔듯
우리 사랑을 위해
작은 떨림의 용기를 내었지
사랑하는 사람이라 확신한 순간
그곳에는 길이 있었던 거야
비 내린 연못의 수련꽃처럼
반짝이는 웃음으로도
길이 되었고
눈 내린 산길의 매화처럼
뚝심있는 마음으로도
길이 되었지
따뜻한 차 한잔으로도
힘든 그대의 어깨
살며시 안아줄 때도
사랑의 길
될 수 있었지.
하나님의 소망과 약속을 새기는
세심한 손길로

날마다 행복의 노래를 부른다면
우리 사랑 닮은 아이들이
작은 심장을 울리며 태어나
또 하나의 사랑의 길
드넓게 만들어 내겠지.

작은 심장에게
- 아기에게 주고 싶은 말

1
고마워, 작은 심장아
작은 소리도 크게 듣고
어둠 끝 작은 불빛에도 눈부셔한 너를
뽀얗고 작은 손을 움켜쥔 채 태어난 너를
두 손을 모아 안았을 때, 정말로
우주보다 넓을 만한 감동을 받았어.

2
힘을 내, 작은 심장아
이 땅에 발을 딛게 되면
원치 않아도 돌부리나 쎈 바람에
가끔 넘어질 때도 있겠지, 하지만
슬퍼할 필요 없어, 누군가 어디서든
손잡아 줄 사람이 있으니
잡아준 고귀한 마음을 배우게 될 거야.

3
걱정 마, 작은 심장아
더 멀리 가려면, 두려워할 필요가 없어
힘들 때면 너를 가장 사랑하는 사람에게

손을 내밀어봐, 그리고 안아봐
수많은 불빛도 가까이 가 보면, 하나의 불빛을
밝히기 위해, 작은 심장을 분주히 움직였나니
어깨 위에 올랐던, 거인같은 마음처럼
세상을 당당하게 마주하는 거야.

4
달려봐, 작은 심장아
살아가는 동안 최선을 다하는 마음이면 돼
영원한 생명은 인간의 몫이 아니니
심장이 이끄는 대로, 열정을 쏟는 방향이면 충분해
욕심낸다고 세상의 모든 것, 내 것이 될 수는 없어도
매일매일 물결치는 푸른 바다처럼
꿈을 향해 달려보는 거야.
비바람에도 꺾이지 않는 청죽처럼
푸른 하늘을 향해 우뚝 솟아보는 거야.

5
울지마, 작은 심장아
너를 가장 사랑하는 사람이 곁을 떠나도

영원히 함께 할 수 있는 것은 세상 어디에도 없어
저 거대한 바위도 때론 긴 시간속에 깎이고
저 든든한 느티나무도 때론 비바람에 넘어지나니
소중한 것이 사라진다해도
너의 갈 길을 향해 작은 그림자가 흔들릴지라도
묵묵히 걸어가는 거야

6
화내지마, 작은 심장아
네가 믿었던 일들이, 때론 어긋나고
모든 것을 다 이룰 수는 없겠지
높이 날던 새도 때론 지상에 내려와 벌레를 잡아야 하고
깊이 헤엄치던 물고기도 공중에 솟구쳐 푸른 공기를 마셔야 하니
네가 가려했던 곳이 너무 멀리 있다해도
그저 포기하지 않고 내딛는 거야

7
수고했어, 작은 심장아
네가 달려온 길에 피어낸 많은 생각들이

네가 뿌려온 작은 씨앗들이 거대하게 물결칠 거야
포기하지 않았던, 너의 굳은 마음도
혼자 울며 감당하기 힘들었던 추억도
네가 만든 작은 섬들에도
거대한 꽃밭을 이루어, 성대한 향기를 뿜어낼 거야

제2부
소박한 일상의 성찰과 배움

책 읽는 너

책을 읽는
너의 마음 속에는
겨울이 와도
꽃이 지지 않는다
그래서 너는
볼수록 아름답다
너는 누구일까?

시를 쓴다는 것

어떤 이는 사랑하는 사람을 향해
시를 쓰고

어떤 이는 회색빛 허공에 대고
시를 쓰고

어떤 이는 술 한잔을 마시고
헤어진 사랑 때문에
시를 쓰고

어떤 이는 비바람으로, 눈보라로
시를 쓰고

어떤 이는 밤하늘 바라보며
돌아가지 못할 땅을 향해
시를 쓰고

나는 이 모든 것을 겪은
너를 위해
시를 쓴다.

빨간 신호등

멈춰야 된다
급한 마음은 한번쯤 멈춰야 된다
몸도 따라 멈춰야 된다
하지만 마음은 쉬이 멈추지 못한다
추억이 있는 길이라면
마음은 멈출 수 없다
기쁜 그 길로 돌아가고 싶은
공연한 상상력 하나는
쉬이 멈추지 않는다.

얼음

누구나 한 번쯤
아니, 여러 번일 수도 있겠지.
말하지 못한 어려운 시간을
보내는 것이.
폭풍이 몰아쳐 올 때
다른 사람들처럼 왜 나쁜 마음을
갖는지도 모르지
깊이 생각해 보지도 않았고
차가운 현실에 익숙하지도 않았지
솔직히, 냉정한 사람들에 대해
그다지 깊이 생각해 보지를
않았다는 것이 맞겠지
불편하고 짜증이 날 만큼
모든 결정체는 밖에 있는 것이라고 핑계를 댔어
내 안이 얼어 있는 줄도 모르고 말이야
코로나19 질병이 사라지지 않은 상황을
평범하지 않다고 말하기도 하지
우리는 어디서부터 꽁꽁 얼어있나
우리는 어디서부터 녹여내야 할까

그러나 걱정하지는 마
햇살 한 뼘이면
녹여 버릴 수 있을테니.

꿈은 속이지 않는다

나에게 꿈이 있다
내 아버지가 낡은 자전거로 나를 등 뒤에 태우고
달렸던 녹색의 풀들이 물결치는
공기 깨끗한 들판에
또다시 내 아이와 함께
작은 심장 내 아이를 등 뒤에 태우고
햇살 받아 반짝이는 자전거로 힘차게 달릴 때
깔깔대며 기뻐하는 꿈

나에게 꿈이 있다
아버지가 심어 가꾼 밤나무에
달빛마저도 주렁주렁 달린
커다란 밤송이를 향해 기인 대나무 장대를
함께 잡고 털면서 웃음짓던 그날처럼
내 아이와 더 커진 밤나무를 향해
까치발 들고 기뻐하는 꿈

아이가 태어났을 때, 작은 나무하나 심었더니
우리 아이 아장아장 걸음 걷고
우리 아이 꽁꽁꽁 뛰어다니는 동안

그 나무도 푸른 하늘 향해
쑥쑥 자라 올라
대나무 장대로 커다란 밤송이 딸 수 있었으니
꿈은 속이지 않는다.

여백의 미

침묵에서도 소리는 있다
아무도 보이지 않는 밤바다에도
숨결이 있다
다만 침묵속에 오는 진리를 들을
용기가 없었을 뿐
검은 파도 넘실대는 곳에서도
묵묵히 무거운 그물을 끌어올리는
어부의 구리빛 팔뚝
그 거대한 힘줄처럼
힘겨운 시절, 서로 말할 수 없이 갇힌
상처만 가득히 머무는 시절
벗을 수 없는 마스크를 쓴 것처럼
침묵해야 하는, 이 낯선 상황에도
우린 살아 움직이고 있는
힘센 물고기처럼
찬란한 빛살로 쏟구칠 것이다
서로 마주보며
침묵했던 그
짧았던 순간
가장 황홀한 진리로 와닿던 그대처럼

우리 곁에는 늘
침묵의 순간이 연속되었으므로
다 채우지 않은 공간이
저절로 눈부시다.

술 담그는 인생 위에

쌀마다
손길마다
술맛이 다르다
술 향기는 마음이다
전통 가양주 집집마다
삶의 사연이 다르다
차와 술은 차이가 있다
오랜 시간 묵묵히 숙성된 것일 때
술맛이 깊어진다고 하니
술 담그는 인생 위에
술 마시는 기쁨도 깊어지리라

구두

세상엔 쓸모없는 구두란 없다
어느 발이든 다 받아들이고
어느 방향이든 다 옮겨주고
얼마큼의 무게를 들고 있든
그 무게를 감당하는 것이다
못생긴 발이든
냄새나는 발이든
불평없이 맡은 역할을 다하는 것이다
쓸모있는 구두란
반짝거림에 있다고
단정짓고 말하지 말라.

두 팔로 사랑하기

그대에게는 사랑하는 사람이 있다
반짝이는 눈빛을 보았을 때
두 팔로 안던
그 강렬했던 손길과
두근거린 심장소리가 있다
작은 심장소리로 태어난
아이가 아장아장 걸음으로
아빠 무릎보다 높은 언덕에
혼자 힘으로 올라서서는
아빠를 바라본 적이 있다.
내려달라는 눈빛을 보낼 때
아빠는 말없이 미소만 띤 채
두 팔만 벌리고
'자 아빠만 믿고 한 번 뛰어봐'
속으로 열심히 응원하면
아이는 여러 번 망설임 끝에 마침내
힘껏 허공으로 뛰어 내린다
아빠는 재빨리 두 팔로 안은 후
세상에서 가장 길게
거대한 웃음소리로 함께 웃는다

그 커다란 웃음소리만큼
아빠의 자랑스런 아이는
어른이 될 때까지 아빠에게
행복의 추억을 제공한다.

늘 웃는 얼굴로

누군가는 싫은 표정을 짓고
누군가는 듣기 싫은 말을 할 때도 있지
그때마다 거울을 봐
그리고 씩 웃어보는 거야
늘 웃는 얼굴로
나를 사랑해 보는 거야
너까지 사랑해 보는 거야
저 멀리 걸어가는 사람까지도
사랑해 보는 거야
행복하니까 웃는 것이 아니라
웃으니까 행복한 것이니.

천둥치는 날

남들은 천둥 치고 비가 올 때
몹시 두려워 할거야
나도 예전에는 그랬지
책을 찢고 소리지르며
아들 생일 날, 화를 내며 싸우던 아내가
작은 보따리를 싸들고 친정집 간다고
나갔는데, 때마침 천둥이 치고
비가 몹시 내려
야간 운전을 잘 못하는 아내는
오도가도 못하고는
슬그머니 집으로 되돌아왔으니
어쩌면, 천둥치는 날도
행복한 날일 수밖에.

이사를 준비하며

무엇을 더 버려야 하나
아내는 이사 가기 며칠 전부터
불필요한 것은 다 버리라고 성화인데
나는 자꾸만 망설이며
무엇을 더 버려야 할지 결정짓지 못하고
낡은 책과 옷가지를 만지작거린다
괜시리 의미를 부여하곤
더는 못 버리고 주섬주섬 도로 챙겨 넣는데
쫓아온 아내는
그것 갖고 가봐야 다 버릴 텐데
자꾸만 도로 넣지 말라며
또한번 과감히 빼낸다
선물 받았던 것이라고
이것은 상 받은 것이라고 우기며
녹슬고 빛 바랜 것을
자꾸 쑤셔 넣는데
버리지 말아야 할 것
보석같은 가치를 지닌 것
나에게는 과연 얼마나 있을까
또한번 고민하게 된다.

가을비 · 1

가을비가 가늘어 작은 방울만
창문 가득 맺히더니
밤중에는 소리마저 나는 듯하다
떨어진 나뭇잎은 자꾸자꾸 쌓이는구나

내 마음은 얼마나 돋았는가
메마른 가지마다
여름 더위 가셔도
보고픈 마음은 빗방울처럼 머무는구나

나뭇잎마저 소리내지 않고 내린 가을비
여름 소낙비에는
보이지 않던,
돌아가신 어머니가 맺히는구나

가을비 · 2

등굽은 나무에 내린 비
등굽은 아버지를 흠뻑 적신 비
흙 묻은 자전거를 씻어주고
여름날 쳐놓은 창틀 모기장을 적시는 비
거미줄에도 천천히 맺히는 비
미처 수확을 못 끝낸
농부의 마음을 조급하게 하는 비

해도 · 1

솔숲 바람만 안고
달리기만 해도
보리밭 사이 아버지의 모습을
보기만 해도
한 움큼 파를 뽑아온 어머니의
주름진 얼굴에 석양빛이 닿기만 해도
넉넉한 형편이 아닌데도
손수 만든 삼계탕을 내놓는
장모님 얼굴을 보기만 해도
아침 햇살 뽀얗게 올라오는
푸른 바다에 서 있기만 해도
사랑의 온도는
내 안에서 차오르는구나

해도 · 2

누군가 나에게 험담을 해도
그것을 우연히 들었다 해도
세상을 바꿀 만큼 큰 충격이 아니라면
굳이 따지지 말고
저 멀리, 가장 낮은 곳
바다로 흘러가는 강물처럼
그냥 흘러 보내면 어떤가

빈 들

주말마다 빈들에 오가며
내려놓은 시간의 조각들이
얼마나 많이 쌓여 있을까.

빈들에서도 꽃을 피운
작은 풀꽃들은 바람에 흔들리고
작은 바람에도 흔들려 왔던 나의 시간들.

꽃을 피우지 못하고
팽겨쳐진 나약한 나의 생각들
빈틈에 며칠동안 웅크리고 있겠지.

빈들은 침묵이었지만 나에게 분명히
가야 할 길을 알려 주었지
길을 모르면 길을 찾고,
길이 없으면 길을 만들라고.

헤아리다

마음 한끝 속상해
강가에 나온
내 작은 발가락을
맑은 물결이 찬찬히 헤아리다

마음에 들지 않은
세상이라고 분노의 마음 안고
벌판에 나온
내 작은 어깨 위로
시원한 바람이 슬쩍이 헤아리다

눈을 들어 흘러간 물결하나
눈앞에 사라진 바람 하나
그것들도 어쩌면
수많은 상처와 고통이 있었음을
나도 찬찬히 헤아리다

아들을 혼낸 후회

멈추지 않고 달려온 파도가
내 발등을 흠뻑 적실 동안
정신없이 사나운 파도의 힘을 못 이기고
그만 물속으로 첨벙 넘어졌구나
젖은 옷에 바닷물이 뚝뚝
바닥에 떨어지고
흐트러진 마음 한자락은
모래성처럼 파도에
한꺼번에 휩쓸려버렸구나
시간이 지나고 보면, 이것도 잠시
지나는 물결일 수 있는데,
중학생 때는 바다보다 거대한
반항의 힘을 지니고 있을 텐데.

한 움큼

내 곁에 봄 햇살
한 움큼
내 곁에 그대의 사랑
한 움큼
내 안에 그대 닮은 꽃
한 움큼

내 안에 자라는 탱자나무

생활의 짐을
가득 안고 살다보니
날카로운 가시들이 더 자라난다
한 번 자라나면
쉽게 뽑아 버릴 수가 없구나
티끌 만한 잘못도
너그럽게 용서하지 못하는
그럴 때가 많아지니
내 안에 더 커지는 탱자나무
그 수많은 가시가
마음 한구석을 찌를 때마다
곱게 피웠던 꽃잎들이
하나, 둘씩
사라지는구나.

지도자의 길 탐구하기

장자의 말을 빌어
지도자에게 주고 싶은 말 한마디
"지도자가 될 수 있는 사람은
역경에서도 불만을 품지 않고
영달을 해도 기뻐하지 않고
실패를 해도 좌절하지 않고
성공을 해도 자만하지 않는다"
대한민국의 뉴스를 보며
한 가지 덧붙이고 싶은 말 한마디
세상을 향해 화난 표정이 아닌
국민을 위해 환한 표정이 있는
존중과 배려의 덕목이 있는 나라
정직한 지도자만이 있을
아름다운 사회를 생각해 본다.

말의 중요성 탐구하기

대통령 비속어 논란 뉴스에 대해
부처님 가르침 한마디 인용한다
말에 대한 죄 네가지
망어妄語는 거짓말
기어綺語는 교묘하게 속이는 말
양설兩舌은 한 입으로 두 마디
악구惡口는 욕설과 비속어
잘못된 말이 연속된다면
그것은 계속 죄를 짓는다는 것
입으로 짓는 네가지
몸으로 짓는 죄보다 크다는 것

눈부신 가로등에게

그대는 왜 존재해야 하는지
그 이유를 아는가?
그대는 어디론가 갈 수 있는
꿈을 진정 갖고 있는가?
있기나 하느냐 말이다
똥폼은 개나 잡으라고 해라
폼나는 인생 꿈꾸는 경제 벌레나
떵떵거리는 부자들이나 똥폼 잡는 것이다
권력꾸라지들이나 똥폼잡는 것이다
쥐뿔 가진 것 없는 너나 나란 놈이
폼잡고 살 수나 있는가 말이다
폼잡고 산다는 것은
쥐뿔도 없는 놈이 가당키나 한다 말인가
네 홀로 어둠을 밝힌다고
이 컴컴한 시대가 밝아지기나 하겠느냐고
산책 끝에 멈춰선 나는
너를 붙들고 쓸데없이 항의한다.
그래도 불빛을 가진 네 덕분에
나는 넘어지지 않았구나.

배가 나오면

며칠 게으름으로 인해 운동을 안하고
야식만 자꾸 먹어댔더니
지나가는 학생 하나가
내 배를 툭 치면서
"쌤, 배가 진짜 많이 나왔어요,
엄청 귀여운 것 같아요. 크크크"
배가 남산만큼 나오면
칭찬을 듣는가부다
배 나온 것을 둥글게 보는 눈도 있으니
그렇다고 배가 계속 나오는 것은
그리 유쾌한 일은 분명히 아니다
"징그러워"라는
아내의 말도 있으니 말이다.

섬마을 할머니 말씀

애써 잡은 바지락의 일부를
바다에 다시 버리시길래
그 이유가 궁금하여 여쭸더니
삽시도 섬에 오래 살아온 할머니 말씀
"바닷가에 살다 보면
버리는 것이 익숙해지는 거여
욕심부리면 다 죽게 돼야
육지 사람들도
허욕을 부리면 안되는 겨
비바람이 오면
멈추고 쉬는 거여
억지를 부리고 바다를 향하면
목숨을 잃는 겨."

쓰레기 더미

탈선한 것들은
이곳에 모여 있다
물에 떠밀려 온 것들
힘을 잃은 것들이
이곳에 모여 있다
검은 비닐봉지와 구겨진 페트병
패스트푸드 포장지와 낡아버린 운동화……
호기심이 있는 몇몇 새들이
이곳에 내려 앉아
콕콕 쪼다가 문득 포르롱
무엇에 놀랐는지 잠시
날아갔다, 다시 이곳으로 온다
있어야 할 곳에 있을 때는
힘을 가진 물건일진대
쓰임을 다하거나
심장이 없어진 후
쓰이지 않고 내버려진 것들
나도 그 속에 머물고 있으니
쓰레기더미속 작은 존재가 된다
우리가 있어야 할 곳은 어디인가.

제3부

한국문학시대 및 문학지에 게재된 작품

강화도 통일전망대

사랑을 잃어버린 목수가
용서의 마음으로
강화도 전등사 대웅전을 지을 때,
발가벗은 도깨비 4곳에 배치하여 둔
기지奇智에 탄복하여, 들뜬 마음으로 향한
강화도 통일전망대
아이들을 위해 망원경을 볼 참으로
오백원 주화를 잔뜩 바꾸어
신나는 발걸음으로 층층 올라
이리저리 좌우로 돌려가며
북방北方으로 향한 눈길을 이곳저곳 두고
손바닥만큼 가깝다는 여러 말을 늘어놓으며
이런 저런 쓸데없는 이야기를 나눌 즈음
벤치 끝에 노인 한 분
태우다 만 담배를 든 채
하얀 연기 모락모락 다 타들어가도록
움직이지 않고 바다 너머
먼 곳을 응시한다.
잠복해 있던 슬픔이 손끝에 온 것인가
가끔씩 담배 든 손이 떨린다.

수직으로 세워 놓은 철조망 걷어내면
평화의 땅 밟을 수 있으련만
지나가는 어느 아줌마의 실없는 넋두리
망배단望拜壇 앞 서성거리는 몇 분의 노인들
늦은 봄, 따가운 햇살이 사라지고
음산한 구름이 어느덧 몰려오더니
쏴아쏴아 소낙비를 한차례 흩뿌린다.
무엇이 깊디깊은 땅속까지 이토록 갈라 놓았나
오지 못할 사람 있다면
더 기다리고 기다리는 사람이 되어
잊지 못할 모진 추억을 가졌어도
한 때 무척 사랑했던 그대를 향해
이제 그만 용서하고 도깨비를 처마에서
내려오게 하여, 벌거벗은 채 그대로
덩실덩실 함께 춤을 추게 한다면
부끄러운 일이 될까
저 낡은 수직의 철조망을 걷어내고
얕은 물, 가까운 바다 건너며
70여 년 품어 온 미움의 쇠붙이 버리고

달려가 부둥켜안고 함께 입을 맞춘다면
수치스런 일이 될까.

| 2018년 8월 29일, 서울 성북구 심우장에서 열린
『제4회 만해통일문학축전』 작품 낭송회에 출전한 작품 |

임진각 한겨울

누가 함부로
저 멀리 봄이 와 있다고 말하는가
철조망 너머 깊은 골짜기까지
푹푹 내려 쌓인 눈
언제 한번 땅속 깊이
모두 녹았다고 말할 수 있는가
시래기 걸린 처마 끝에
억센 바람과 저 차가운 고드름
길바닥에 나뒹구는 몇 잎의 편지 조각들
넘지 못한 채, 가지 못한 채
분계선 철조망에 매달아 놓은
얇은 천 옷고름처럼
가닥가닥 흔들리는 오래된 편지들
눈길을 걸어가 다시 매달아 놓은 새로운 편지들
돌돌 말아놓은 철조망 머리위에도
가시 끝에 피어난 얼어붙은 눈꽃들
앙상한 나무 끝에도
지상에 내려앉지 못하고 남아 있는 몇 잎의 단풍들
수많은 중국인 관광객들 커다란 웃음 사이로
못가는 고향땅 그리며 기도하는 백발의 얼굴들

얼어붙는 땅에 언제 한번 봄이 올 수 있는가
휴대폰 크기만큼 햇빛을 받고있는 육중한 전망대위로
꽁꽁 얼음 어는 낮은 온도에도
임진강을 향해
한겨울 복판을 가로지르는
하얀 새의 가슴을 보아라
두 줄로 오르던 저 멀리 시퍼런 연기도
하늘 끝에 힘겹게 다다라서는
한 줄기 몸으로
솟구치는 것을 보아라
편지 속에 담긴 사연들, 그 얼굴들
고향땅에서 펼쳐보며 하얗게 웃음 짓는
그 날이 올 수 있는가

어떤 결정

사람이 물이라 했던
노승의 말이
진리인지 아닌지 알 수 없어도

높은 곳
떨어지는 곳에 있는 물은
거세지고

낮은 곳
평평한 곳에 있는 물은
고요하니

나도 그렇고
너도 그렇다

나도 물이고
너도 물이다

확신이 설 때까지
물처럼 멀리 흐르며
기다리는 것이다.

측백나무

날씨가 추워지고
바람이 많이 불어야
나무가 어떤 모습인지 알지
다른 나무가 시들어도
그 푸름은 시들지 않는
웅장한 자태여
사람도 똑같아
어렵고 힘들어지면
그 본성이,
저력이 어떠한지
알 수 있다지
도깨비 뿔 같은 것을 달고도
강풍에도 늠름한 기상
푸른 색은 변하지 않지
모두가 동쪽으로 가고
달마대사마저 동쪽으로 가도
그대만은 서쪽을 향했다는
그 낯선 전설을 품은
웅장한 그대의 가슴
머리 숙여 안아보고 싶어

시멘트처럼 굳은 내 가슴이
쪼개지도록 꽉
안아보고 싶어,
이익을 따진 내 눈동자가
몽땅 깨뜨려지도록 꽉
껴안고 싶어.

| 한국문학시대 제53호 (2018.여름) |

회양목

높지도 낮지도 않은 키로
바람을 막아주고
위험한 것이 넘어오지 않도록
울타리를 만들고
엉키지 않은 채
서로의 몸을 껴안고
든든한 띠를 두르는 푸른 잎
눈부셔 고개를 숙이면
어머니 산소에 심어놓은
몇 그루의 푸른 눈빛과 겹쳐
작은 잎일진대
커다랗게 사무치는 그리움

상사화 相思花

그리움의 무게 때문에
꽃이 잎을 볼 수 없고
잎이 꽃을 볼 수 없어
이룰 수 없는 사랑이란다

꽃을 피우지 않는다고
사랑이 아니던가
어디 사랑한다고
꽃을 모두 피워냈던가

함께 있다고 똑같은 방향으로
똑같은 무게만큼
어느 누가 오래도록
사랑 꽃 피워낼 수 있던가.

작은 행복

입안에 염증이 생겨서
아무것도 먹지 못하다가
염증이 낫는 날
거친 음식을 마음껏 먹을 수 있을 때

늦은 시간까지 일하느라
지쳐 돌아와 세상 살기 힘들다고
불평하고 잠자리에 눕는 몸을
말없이 뒤에서 슬며시 안아줄 때

빨갛게 노을이 지는 저녁
가족이 모두 둘러 앉아
오늘 있었던 깨알같은 이야기 나누며
된장국과 두부부침으로 밥 먹을 때

민낯의 얼굴
그대로 사랑하는 것

네가 좋아하는 일을 그냥
축하할 줄 아는 것

너의 작은 목소리에
오래도록 귀 기울여 주는 것

저녁마다 살아있음을
온 몸으로 느끼는 것

손톱만큼, 아니 좁쌀만큼이라도
내가 바뀌는 것

나의 마음을 초록의 호박잎만큼
날마다 넓히는 것

| 한국문학시대 제56호 (2019. 봄) |

바람

길 있는 곳에서
걸어온 나는
어디로 가야 할지
아직도 망설이고 있는데
길 없는 곳에서 온 너는
어디론가
길을 내며
지치지 않고
내달리고 있구나
나는 쓸데없는 고민으로
세상을 향한 지독한 욕심으로
무거운 가슴을 붙잡은 채
아직도 땅을 딛고 서 있는데
모든 것을 내던진 너는
빈 가슴만으로
푸른 하늘을 향해
아무런 형체를 남기지 않고
날아다니나 보다

8월

누구나 힘들 때가 있지
누구나 쉬고 싶을 때가 있지
누구나 그 뜨거운 느낌
절정의 순간을 만날 때
깊어지는 것처럼
한번은 겪어야만 할
숨가쁜 시간
가장 뜨거울 때
모든 것을 멈추고
쉴 수 있는 시간
인생에서 한 번은 놀랄 만큼
머리에서 발끝까지 뜨겁게 달궈져야
마음 깊이 성숙해지는 것이지
이런 넋두리를 듣던 마누라가
한 바가지 물을 끼얹은 바람에
짜릿한 충전을 하는 나만의 8월!

| 한국문학시대 제58호 (2019. 가을) |

보는 것과 보이지 않는 것
- 지금은 스마트폰 시대

누구나 컴퓨터의 눈으로 살고 있지
어디에 서 있든
어디로 가든
어디에 앉아 있든
바람이 불어 코스모스 흩날림에도 아랑곳없이
심지어, 화장실에 앉아서도
기묘한 유튜브를 시청하고,
야릇한 동영상에 빠져들고
병원에서 진찰을 기다리는 시간에도
무엇을 먹기 위해서도
네티즌들이 마구 쏘아 올린 정보를 검색하고,
누군가를 비난하기 위해서도
아무런 망설임없이 유리잔 같은 댓글을 함부로 달고
바쁘게 자동차 운전을 할 때도
시간만 나면 게임을 하고
화면 속 수많은 아바타를 믿는 솜털 같은 영혼으로
살고 있지, 컴퓨터의 눈이 나의 모든 것을
아르고스처럼 보는 것을 모른 채
내가 컴퓨터를 응시하고 있는가
컴퓨터가 나를 감시하고 있는가

역운逆運의 파토스

우리 곁에 무엇이 존재하고 있는가
내가 만지고 있는 스마트 폰에
헬*이 있다
헬은 표정이 없다
눈도 있고, 몸도 있지만
얼굴이 없다
나도, 너도 시간이 흐를수록
얼굴이 없어지고 있다
점점 영혼이 사라지고 있다.

* 헬(Hel) : 북유럽 신화에 나오는 죽음의 여신

| 한국문학시대 제59호 (2019. 겨울) |

의미없는 것들

숲속에 있는 작은 새들의 울음
바람에 흔들리는 여린 나뭇가지
가벼운 언어로 쓰인
오랫동안 쓰라린 몇몇의 시어
날마다 바라본 푸른 하늘
차 조심해라, 밥은 먹었냐
전화속 아버지의 불분명한 음성
일부러, 아니 특별히
어떤 의도를 지니지 않은 것들
가끔은, 툭,
우연히 부딪힌 빗방울같이
내 앞에 스친
의미없는 것들
돈과 돈으로 연결하여 판단하고
행복마저
상품의 가치와 무게로 짓눌린
내 머릿속에
슬며시 꿈틀거리는 것들
신호등을 기다리는 짧은 시간속에
어디엔가 숨어있다가 불쑥

튀어나온 것들

짧은 이별을 위해 길게 쓴 편지처럼

차마 버릴 수가 없구나.

| 한국문학시대 제60호 (2020.봄) |

듣는다

메마른 꽃잎같이
넉넉지 못한 삶의 울타리에 살면서
아내가 내뿜는 새싹 같은 말들을
온전히 듣지 못하고
햇살이 강렬할수록 뿌리로
달려온 수액처럼
바람이 불어올수록 작은 잎으로
조용히 듣는 나무처럼
아무도 없는 숲속에 들면
햇살의 속삭임과
바람의 숨결을
듣는다.
언제쯤이면
아내의 솔잎 닮은 말들을
저 나무처럼
미세하게 흔들리면서도
햇살의 속삭임과
바람의 숨결로

온전히

들을 수 있을까

아버지의 호박꽃 1~6

1.
지상에 닿을 듯
절망에 닿을 듯
낮게 깔려 엉금엉금 기어가는
저 낮은 몸뚱아리
대관절, 무엇이 좋다고
늘 땅을 마주하고 있었는지……

2.
나는 청맹과니인가 봅니다.
눈을 뜨고도 내 앞에
한가득 꽃이 핀 것을 보지 못했으니
키 작은 아버지 가슴속에
언제나 노랗고 노란,
아무렇게나 생긴 저토록 멋없는 꽃들이
날마다 피어 있었는지를,
팔만 뻗으면 닿을 만큼
가까이, 아버지가 해마다 심어놓은
호박 줄기를 보고서도
커다란 녹색 잎에 가린
저 노란 호박꽃을 온전히 보지 못했으니……

3.
서두르는 것은
서투른 짓이란 것을 가르치기 위해
아버지가 심어놓은 그 비밀스런 사랑의 넝쿨들
새벽이슬을 삼키고, 바람을 이겨내며
겹겹의 잎 사이로 피어난 것이 한가득 사랑인 줄을
몰랐습니다. 호박 열매만이 다가 아니란 걸
아는데, 수십 번의 호박꽃이 피고 지고
수많은 잎들이 바뀌고서야,
호박잎 하나 정도 알았습니다.
거센 비바람이 불면, 그 단단한
노란 호박꽃들이 툭툭
떨어져 내린다는 것을 알지 못했으니……

4.
내가 바라는 노란 꽃들은
지상에 없는 것들인가 봅니다.
명예, 돈, 권력, 커다란 집
이 중 뭐 하나도 갖지 못한 채,
노랗게 닳은 얼굴, 가난한 옷으로만 살아온 아버지

단 한번도 작은 자가용마저 곁에 두지 못하고
푸르게 녹슨 자전거로만 황톳길 달려온
붉은 목덜미에 흰 수건을 두르고
자꾸만 자꾸만, 누렇게 늙어오신 아버지
호박줄기 잘 오르도록 받쳐놓은
옹이진 나무등걸처럼 바싹 말라버린 아버지
해마다 늦봄이면 힘없는 아버지가 심어놓은
호박줄기를 나는 왜 그토록 외면하고 살아왔는지……

5.
하얀 천을 갈아 끼운 병원 침상에
뒤돌아 눕는 아버지의 앙상한 어깨가
호박꽃을 닮아있다는 것을
여러 번 눈이 내리고, 녹는 겨울이 와서야
뒤늦게 호박잎만큼만 알았습니다.
옆 병상 아주머니가 나눠준 한 그릇 호박죽 먹으면서
해마다 심던 호박꽃이 아버지 팔뚝에
꽂아놓은 링거 줄기처럼
왜 이토록 사무치게
힘없이 매달려 있었는지……

6.
눈 내리는 겨울이 오면
둥글고 커다란 늙은 호박을
방 한쪽에 놓아두고 자식이 오면 쓰윽 밀어주며
"가져다가 윤소 에미 몸보신하게 강낭콩 넣고
호박죽이라도 찬찬히 끓여 먹으라 혀라"
가볍고도 무거운 그 늙은 호박을 안고서야
내 눈에 비단안개가 가득 올라오는 것을……
아버지가 심어놓은 그 비밀스런 넝쿨 속
사랑꽃 하나, 작은 심지처럼
내 안에서도 오래도록 흔들리는지……

첫문장 · 1

너는 살아남은 적이 없어
항상 아까워하면서도
쉽게 변하지 않는 너를
나는 애써 외면하려 했지.
너랑 이별을 시도한 것은
너의 단단하지 못한 모습이
너무나 마음에 들지 않았기 때문이야
처음, 너를 만났을 때
두꺼운 책갈피처럼 확신했는데
너를 저 멀리 알 수 없는 곳
외딴 섬으로 데려다 놓고
나는 천천히 네가 걸어온 길을
더듬어 좋은 뜻만 생각해 보려 했지
그리고 문득, 네 안에 담긴
본래의 마음만, 남기고
뾰족하게 날선 표현들은 지우려 애썼지.
너를 지울수록
내 안에 너의 모습이 어른거렸지만
너를 잊어야만, 백색의 숫눈을
만날 수가 있기에

나는 오늘도, 수정처럼 차가운 눈으로
처음의 맨살을 없애려 하는 거야.

| 한국문학시대 제63호 (2020.겨울) |

부부로 산다는 것

바람이 불면 가을이고
꽃이 피면 봄이다
얼굴이 뜨거우면 여름이고
마음이 차가우면 겨울이다

삶의 테이블 위에
연초록 새싹 한 포기
시들지 않을 유일한 방법이란
촉촉한 사랑이 담긴
자그마한 물 한잔이다

아낌없이 나를 버리기로
결심한 그 순간
사랑의 불꽃이
봄꽃처럼 타오른다.

조팝나무

바람이 불어
개나리가 하늘하늘
흔들립니다
고개짓도 끄덕끄덕
위아래로 몸을 흔드는 모습에
곁에 서 있는 조팝나무는
재미있다며, 웃느라
한참동안
하얀 꽃향기 뿜으며
하늘하늘 자꾸만
흔들거립니다
바람도 신나서
조팝나무를 툭 치고 달아납니다
꽃향기만 바람을 쫒아 달려갑니다

| 한국문학시대 제65호 (2021. 여름) |

쓰레기통

가지고 있는 것을 버릴 때
나에게
넉넉함이 있나 생각해 본다

비워두지 못한
쓸데없는 욕심은
그 얼마나 많았던가

먼지 앉은 책상 위에
지난 날 꽂아 놓은 쪽지마저
제때 버리지 못하면서
꾸물대는 나는, 미련함만 잔뜩 쌓았으니

버리는 것이
비워두는 것이
더 많은 것을 담을 것 아닌가

버려도, 또 버려도
잃는 것은 하나도 없다

저 통이 뿌룩뿌룩 배부를수록
내 안의 쓸데없는 것은
가볍게 사라질 테니.

| 한국문학시대 제66호 (2021.가을) |

유홍초 留紅草

너의 흔들림이
좋아서
나는 그만
문門을 열었다.
처음에 너는 손톱만큼
작은 움직임이었다.
내가 잠깐 고개를 다른 곳으로 향했을 때도
녹색의 너의 힘은 지치지 않고
묵묵히 걷고 걸어
마침내, 작은 울타리를 만들고
내가 잠시 한눈 파는 순간
너의 작은 몸에는
온통 붉은 꽃을 매달았다.
멈추지 않고 달려온 걸음마다
맺힌 생명의 힘,
가냘픈 줄기에 매달린 인내심
오늘, 네 가슴에 오래오래
오롯이 안기고 싶다.

| 한국문학시대 제67호 (2021. 겨울) |

별을 바라보다가

강물은 흘러갔는데
물속에 있는
별은 그대로 있다

내 눈물은 내려갔는데
가슴속에 있는 조각 하나
아직 남아 있다

어릴 때, 울 때마다
할머니가 위로해주던
전설 하나

반짝이는
물은 자꾸 흘러간다
별은 하늘에만 있는 것인가

기다리다 보니

이젠
맛있는 과일이든
몸에 좋은 음식이든
혼자서 먹지 않고
잠시 참아주는 아들로
쑥쑥 자라
"아빠 같이 먹을래"
짧은 한 마디에
벌써
내 마음에
과일 향기가
쑤욱 올라온다

삶에 대한 관망觀望

멀리서 보면
푸른 숲인데
가까이 와 보니
메마르고 헐벗은 나무들이
이곳저곳 놓여 있네
상처 입지 않은 나무들이
많지 않으니
대관절 아프지 않은 나무가
몇 그루나 될까
그래서
멀리서 보면
푸른 숲이었구나.

| 한국문학시대 제70호(2022. 가을) |

슬픔에도 심장이 있다

슬픔에도 심장이 있다
비가 와도
눈이 와도
메마른 언덕에 심장은 뛴다
콩나물을 다듬으며 쭈그려 앉은 할머니에게도
폐휴지를 모아 낡은 수레를 끄는 할아버지에게도
바람에 펄렁이는 헐렁한 바지를 입고
오래된 과일을 파는 턱수염 아저씨에게도
비바람에 흔들리는 저 가냘픈 풀잎에도
심장이 있다
강아지를 데리고 아파트 주변을 뛰고 들어온
중학생 아들의 헐떡거리는 가슴뿐만 아니라
차가운 얼음 속에서
헤엄치는 작은 물고기에게도
심장이 있다는 걸
먼지 가득 덮인 책처럼
나는 오랫동안 외면해 왔다.
코로나19로 인해, 사회적 거리두기로 인해
작은 가게마다 일찍 문 닫고
말없이 돌아서는, 술 취한 주인의 마음에도

심장이 있다
어둠을 쪼개며 떠오른
찬란한 햇살 속에는 분명히,
심장이 있다.

| 163호(2021.9~10월호) 한국 펜(Pen) 문학집 게재된 작품 |

행복

눈을 잠시 감았다가
다시 떠봐
보이니?
네 안에
얼마나 많은 것이 있는지
초롱초롱한 눈망울
세속적 가치에 끄덕하지 않는
건강한 눈빛
걸을 수 있는 단단한 몸
남몰래 키운 작은 꿈
비바람이 몰아쳐도 흔들리지 않는
네 안에 한 움큼
품고 있는 가족을 향한 사랑
작은 수첩에 곱게 써 놓은
너만의 비밀
그리고 그냥
미소짓는 너의 고운 얼굴

| 대전 펜(Pen) 문학 40호 게재 |

아버지의
호박꽃

/ 해설 /

관찰과 발견, 연민의 시학
― 이상철 시집 『아버지의 호박꽃』

안현심
시인·문학평론가

1.

시인들은 왜 시를 쓰는가? 돈을 벌기 위해서도 아니고, 명예를 얻기 위해서가 아니라면 왜 수많은 날들을 고뇌하며 시에 매달리는가? 이상철 시인은 「시를 쓴다는 것」이라는 작품에서 이렇게 말하고 있다.

"어떤 이는 사랑하는 사람을 향해 시를 쓰고, 어떤 이는 회색빛 허공에 대고 시를 쓰고, 어떤 이는 술 한 잔을 마시고 헤어진 사랑 때문에 시를 쓰고, 어떤 이는 비바람으로, 눈보라로 시를 쓰고, 어떤 이는 밤하늘 바라보며 돌아가지 못할 땅을 향해 시를 쓰고, 나는 이 모든 것을 겪은 너를 위해 시를 쓴다."

시인의 말에 의하면, 시는 인간의 정신적 측면 중에서도 감성적인 부분과 밀접하게 연결돼 있다는 것을 알 수 있다. 사랑과 이별의 정한(情恨)이나 그리움을 견디지 못해 비바람처럼 구슬프게, 때론 눈보라처럼 처절하게 심정을 토로하는 것이 시인이기 때문이다. 여기에 이상철은 한 술 더 떠 "이 모든 것을 겪은 너를 위해 시를 쓴다."고 고백하고 있다. 그렇다면 시인은 시의 효용론적 관점에 창작의 비중을 두고 있다고 볼 수 있다.

문학의 효용론적 가치가 근래 들어 크게 각광받는 바, 그 담론을 함축하면 '문학치유'라고 언급할 수 있다. 문학치유는 문학작품을 읽음으로써 상처받은 감정을 회복시킬 수 있다는 논리인데, 그 원리는 철저히 문학의 개연성에서 출발한다. 당신의 일은 과거의 내 일이었거나 미래의 내 일이 될 수 있다고 공감하며 위로해주는 시, 이것이 많은 시인이 꿈꾸는 세계일 것이다. 이상철 시인의 목표가 설령 100% 달성되지 못한다 하더라도 그 가치는 너무나 높고 크다.

시를 쓰는 행위는 일차적으로 자기치유에 목적이 있다. 언어라는 형식을 통해 아픔을 발설하고 나면 어떤 위로보다도 따뜻해지는 자신을 느낄 수 있기 때문이다. 그렇다면, "이 모든 것을 겪은 너를 위해 시를 쓴다"는 시인의 고백은 자신을 위로하기 위해 시를 쓴다는 말의 아픈 역설일지도 모른다.

2.

최재서는 『문학원론』에서, 문학을 독창적으로 만드는 것은 정서지만 그것을 위대하게 만드는 것은 사상이라고 했다. 정서는 내재적이며 고유한 능력이기 때문에 습득할 수도, 모방할 수도 없지만, 사상은 사회적인 것이기 때문에 습득할 수도 있고 모방할 수도 있다. 따라서 위대한 문학작품이 탄생하려면 개인의 힘과 시대의 힘이 결합되어야 한다.

한국문학사의 경우, 이육사의 「절정」이나 한용운의 「님의 침묵」을 들 수 있고, 소설작품으로는 박경리의 『토지』나 조정래의 『태백산맥』을 들 수 있을 것이다. 이러한 문학작품의 탄생 배경에는 일제강점기라는 민족의 수난기와, 봉건주의가 붕괴되면서 현대국가로 나아가는 과도기의 한국, 분단조국이라는 시대적 고난이 피워 올린 사상이 존재했다.

그러나 대부분의 현대 작가들은 고유한 정서로써 작품을 생산할 뿐 사상의 이입으로까지 나아가지 못하고 있다. 아니면 작가로서 훌륭한 예술작품을 낳으면 되었지, 사상가로까지 나아갈 필요가 없었는지도 모른다. 위대한 작가는 시대를 막론하고 탄생하는 것이 아니기 때문이다. 이러한 현실을 반영한다면, 현대시는 독창성의 유무가 작품의 질을 판단하는 중요한 요소로 작용한다 해도 틀리지 않을 것이다.

바다에도 무게가 있다

시간에도 무게가 있다

흘려보낸 시간 안에는 언제나

무게가 있다

모든 삶 속에 언제나

진실한 무게가 있다

세상살이 어디 쉬운 일 있었던가.

- 「무게」 전문

이 작품에서 의미하는 '무게'는 무엇일까? "바다에도 무게가 있다"라는 형상화에서 무게는 말 그대로 중량을 표현한 것인지, 아니면 다른 의미를 내포하고 있는지 짐작하기가 어렵다. 이럴 때는 무게가 '역사'를 은유하든 삶의 내력을 은유하든 또 다른 의미가 숨어 있든 구체적으로 암시해주어야 한다. 그렇지 않으면 독자의 이해와 공감을 이끌어내기 어렵다. "바다에도 무게가 있다"라는 형상화는 분명히 독창적인데, 한 발짝 더 밀어 올리지 못했다는 아쉬움이 남는다.

시인은 이렇게 말하려고 했을 것이다. 바다는 진진한 내력 없이 형성되지 않았을 테고, 그것들을 지켜본 시간의 어깨에도 역사의 무게가 내재하고 있을 것이다. 그렇듯, 세상의 모든 현상은 누군가의 땀을 거름 삼아 탑을 쌓아 올렸을 것이라는 시인의 의도가 엿보인다. 이처럼 역사적인 무게, 사회적인 무게까지 드러낼 만큼 완성도 높은 시를 표현해 내기란 쉬운 일이 아니다.

하지만, 다음 작품을 보면 그러한 아쉬움이 일시에 사라진다.

울지 마
왜 자꾸 이 비탈길로 와서
쭈그려 앉은 채
한참 울다가 가니
네 안에 감고 있는
슬픔이 있다면
천천히 풀어
나에게 줘봐
나는 내일도
태양을 향해
돌돌 몸을 흔들며 올라갈 테니.
　　－「메꽃이 나에게 준 짧은 편지」 전문

이 작품은 메꽃의 생태적 특성을 이미지화하는 데 성공하고 있다. 작고 여린 메꽃의 모습에서 가난한 비탈길에 쭈그려 앉은 소녀를 상상해내는 것은 어렵지 않은 일이다. 하지만 여기서 속으면 안 된다. "자꾸 이 비탈길로 와서 / 쭈그려 앉은 채 / 한참 울다가" 가는 것은 메꽃이 아니라 시의 화자이기 때문이다. 메꽃이 오히려 화자에게 연민어린 시선을 보내며 슬픔을 나누고자 하는데, "네 안에 감고 있는 / 슬픔이 있다면 / 천천히 풀어 / 나에게 줘봐"가 그것이다. 그러면서 "나는 내일도 / 태양을 향해 / 돌돌 몸을 흔들며 올라갈" 것이라고 희망을 부추긴다.

돋보이지 않는 메꽃의 생태적 특성을 시인만의 독창적인 눈으로 포착했다는 것은 대단한 일이다. 시인은 어느 날 한없이 작아진 자신을 이끌고 후미진 비탈을 찾았을 것이다. 거기서 작은 소녀 혹은 어릴 적 자신이 활짝 웃으며 주눅 들지 말고 하늘 향해 손 벌리라고 용기를 준 것이다. 이것이 '메꽃이 나에게 준 짧은 편지'의 내용이다.

>   이것은 시련을 이겨낸
>
>   작은 용기에서 나오지
>
>   부끄러워할 필요도 없어
>
>   남몰래 흘릴 때나
>
>   남이 알아주도록 흘릴 때나
>
>   용감해지는 거야
>
>   (… 중략 …)

실컷 울고 난 뒤
내 안에 가득 찬 용기와 위안을
가슴 깊이 안을 수 있으니 말이지
이것은 세상 어떤 것보다
강철 같은 힘이 있는지도 몰라
이 세상 어떠한 권력자도
마지막까지 빼앗지는 못하니까.

- 「눈물」 부분

인간은 자극이 되는 사실을 지각한 뒤 신체적 변화가 나타나는데 그 변화의 의식이 바로 정서이다. 이러한 생다지 정서가 문학적 정서로 사용되기 위해서는 미적 순화 과정을 거쳐야 하며, 미적 순화 과정에서 '눈물'은 중요한 역할을 한다. 실컷 울고 났을 때 슬픔의 모서리가 둥글어지듯이 정서의 순화에도 눈물이 중요한 매개가 된다는 의미이다.

어떤 연유에서든 실컷 울고 났을 때 가느다란 오솔길이 손짓하던 기억, 그것은 누구나 한번쯤 경험했을 것이다. 그래서 시인은 이렇게 항변할 수 있는 것이다. "이것은 세상 어떤 것보다 / 강철 같은 힘이 있는지도 몰라 / 이 세상 어떠한 권력자도 / 마지막까지 빼앗지는 못하니까". 권력자의 횡포 때문에 울고 있지만, 눈물까지는 막을 수 없을 것이라는 형상화에서 비장미가 느껴진다.

> 침묵에서도 소리는 있다
>
> 아무도 보이지 않는 밤바다에도
>
> 숨결이 있다
>
> 다만 침묵 속에 오는 진리를 들을
>
> 용기가 없었을 뿐
>
> (… 중략 …)
>
> 서로 마주보며
>
> 침묵했던 그
>
> 짧았던 순간
>
> 가장 황홀한 진리로 와 닿던 그대처럼
>
> (… 중략 …)
>
> 다 채우지 않은 공간이
>
> 저절로 눈부시다.
>
> ─「여백의 미」부분

시인은 눈에 보이지 않는 세계를 보고, 현실적으로 들리지 않는 소리를 들을 수 있는 사람이다. 시인의 눈은 어둠 속에서 더욱 밝아지며 내밀한 소리까지 들을 수 있는데, 시의 화자는 그 소리를 들을 수 있는 용기가 없었을 뿐이다. 따라서

"서로 마주보며 / 침묵했던 그 / 짧았던 순간 / 가장 황홀한 진리로 와 닿던 그대처럼" 침묵으로 비운 공간에서 피어난 진리는 눈부실 수밖에 없을 것이다.

　이 작품은 침묵으로 상징되는 여백의 아름다움을 구체적으로 형상화하고 있다. 사람살이에서도 침묵이 오히려 많은 말을 내포하고 있듯이, 시 쓰기 역시 여백의 미를 확보하는 것은 중요한 기교라고 할 수 있다. 쓸데없는 말을 늘어놓기보다 함축하고 이미지화하면서 여백을 두면 긴 여운이 생성되면서 독자의 상상력을 자극할 여지가 많아진다. 그렇게 만들어진 여백에서 진리는 생성될 것이고, 그 진리로 인해 여백은 저절로 아름다울 수밖에 없다.

3.
　시작품의 내적 요소로는 정서와 상상, 사상이 있으며, 외적 요소로는 형식을 들 수 있다. 정서와 상상 또는 사상이 지배하는 시의 내용도 중요하지만, 형식적인 측면도 작품의 질을 좌우하는 데 매우 중요하다. 똑같은 내용의 시이지만 산문형식을 취했느냐 운문형식을 취했느냐 등으로부터 시작해 행과 연의 배치에 따라 그 이미지가 확연히 달라질 수 있기 때문이다.

등 굽은 나무에 내린 비

등 굽은 아버지를 흠뻑 적신 비

흙 묻은 자전거를 씻어주고

여름날 쳐놓은 창틀 모기장을 적시는 비

거미줄에도 천천히 맺히는 비

미처 수확을 못 끝낸

농부의 마음을 조급하게 하는 비

— 「가을비 2」 전문

시작품 「가을비 2」는 형식적인 측면에서 각운을 차용하고 있다. '비'라는 시어로 각운을 조성하여 운율미를 한층 고조시킨 것이다. 내용적인 면에서의 주제는 가을비가 오는데도 추수를 마치지 못한 '아버지의 누추한 가을'이다.

비는 "등 굽은 나무"에도 내리고, "등 굽은 아버지"를 흠씬 적시는가 하면, "흙 묻은 자전거를 씻어주고/ 여름날 쳐놓은 창틀"의 모기장까지 적시며, "거미줄에도 천천히 맺히는" 데, '흙 묻은 자전거'나 '창틀의 모기장', '거미줄' 등은 초라한 아버지를 대변해주는 객관적 상관물이다. 감정을 이입시키지 않은 채 늙어가는 아버지의 모습을 객관적으로 묘사함으로써 높은 감동을 획득함과 동시에 시의 품격을 끌어올린 작품이다.

솔숲 바람만 안고

달리기만 해도

보리밭 사이 아버지의 모습을

보기만 해도

한 움큼 파를 뽑아온 어머니의

주름진 얼굴에 석양빛이 닿기만 해도

넉넉한 형편이 아닌데도

손수 만든 삼계탕을 내놓는

장모님 얼굴을 보기만 해도

아침 햇살 뽀얗게 올라오는

푸른 바다에 서 있기만 해도

사랑의 온도는

내 안에서 차오르는구나

                -「해도 1」 전문

누군가 나에게 험담을 해도

그것을 우연히 들었다 해도

세상을 바꿀 만큼 큰 충격이 아니라면

굳이 따지지 말고

저 멀리, 가장 낮은 곳

바다로 흘러가는 강물처럼

그냥 흘러 보내면 어떤가
- 「해도 2」 전문

  시 「해도 1」은 '~만 해도'라는 형식의 구를 의도적으로 나열한 후 "사랑의 온도는/ 내 안에서 차오르는구나"라고 결론짓는 방법으로 작품을 구성하고 있다. 그런데 사랑의 온도가 내 안에서 차오르게 하는 요소들은 매우 크거나 위대한 것들이 아니다. "솔숲 바람을 안고 달리기만 해도, 보리밭 사이 아버지의 모습을 보기만 해도, 한 움큼 파를 뽑아온 어머니의 주름진 얼굴에 석양빛이 닿기만 해도, 넉넉한 형편이 아닌데도 손수 만든 삼계탕을 내놓는 장모님 얼굴을 보기만 해도, 아침 햇살 뽀얗게 올라오는 푸른 바다에 서 있기만 해도"가슴이 뜨거워지기 때문이다.

  이러한 사실에서 조그만 베풂에도 고마워하는 시인의 마음을 유추할 수가 있다. 시인의 넉넉한 품격은 「해도 2」에서 더욱 두드러지는데, "누군가 나에게 험담을 해도 / 그것을 우연히 들었다 해도 / 세상을 바꿀 만큼 큰 충격이 아니라면 / 굳이 따지지 말고 / 저 멀리, 가장 낮은 곳"으로 "흘러 보내면 어떤가"라는 형상화가 그것이다.

  그러나, 이렇게 말하기까지 얼마나 많은 괴로움을 겪었을는지 짐작하고도 남는다. 인간의 관계에서 벌어지는 일에 일

일이 대립각을 세우다 보면 원활한 사회인이 될 수 없다고 깨닫기까지 충분한 대가를 지불했음이 분명하다. 이렇게 넉넉해지면서 사람의 도량도, 시의 품격도 높아갈 것이라고 믿는다.

>생활의 짐을
>가득 안고 살다보니
>날카로운 가시들이 더 자라난다
>한 번 자라나면
>쉽게 뽑아 버릴 수가 없구나
>티끌만한 잘못도
>너그럽게 용서하지 못하는
>그럴 때가 많아지니
>내 안에 더 커지는 탱자나무
>그 수많은 가시가
>마음 한구석을 찌를 때마다
>곱게 피웠던 꽃잎들이
>하나, 둘씩
>사라지는구나.
>　　-「내 안에 자라는 탱자나무」 전문

　인격을 갈고닦는다 해도 감정에 지배당하는 인간이기 때문에 평정심을 유지하기는 쉽지 않다. 그러한 측면에서, 시 「내 안에 자라는 탱자나무」를 읽으면 아릿한 슬픔과 함께 절망의 베일에 싸이는 기분을 떨쳐버릴 수가 없다. 특히, "그 수많은 가시가 / 마음 한구석을 찌를 때마다 / 곱게 피웠던 꽃잎들이 / 하나, 둘씩 / 사라지는구나."라는 형상화에서 그 비애감은 절정을 이룬다.

'곱게 피운 꽃잎들'은 얼마나 오랜 시간 공들인 결과물일까. 그 꽃잎들이 스러질 것만 같았을 때 가시를 세웠던 탱자나무의 자책감은 또 얼마나 컸을까. 이처럼 녹록치 않은 삶의 언덕에서 시인은 어느 날 숲을 관망한다.

"멀리서 보면 / 푸른 숲인데 / 가까이 와 보니 / 메마르고 헐벗은 나무들이 / 이곳저곳 놓여 있네 / 상처 입지 않은 나무들이 / 많지 않으니 / 대관절 아프지 않은 나무가 / 몇 그루나 될까 / 그래서 / 멀리서 보면 / 푸른 숲이었구나." 「삶에 관한 관망(觀望)」 전문

이 작품 역시 마지막 부분의 "그래서/ 멀리서 보면/ 푸른 숲이었구나."라는 형상화가 비극적 카타르시스를 고조시킨다. 푸르고 싱싱하게 보이지만, 많은 사람들은 말할 수 없는 아픔을 하나씩 안고 살아갈 것이라는 암시, 이처럼 슬픈 것이 인간의 삶인 것이다.

시는 기쁨의 감정보다는 슬픔을 자양분 삼아 잉태되고 자

란다. 슬픔을 말하고 있지만, 독자들로 하여금 희망을 읽어내게 하는 것이 시의 사명일 것이다.

>슬픔에도 심장이 있다
>비가 와도
>눈이 와도
>메마른 언덕에 심장은 뛴다
>콩나물을 다듬으며 쭈그려 앉은 할머니에게도
>폐휴지를 모아 낡은 수레를 끄는 할아버지에게도
>바람에 펄렁이는 헐렁한 바지를 입고
>오래된 과일을 파는 턱수염 아저씨에게도
>비바람에 흔들리는 저 가냘픈 풀잎에도
>심장이 있다
>강아지를 데리고 아파트 주변을 뛰고 들어온
>중학생 아들의 헐떡거리는 가슴뿐만 아니라
>차가운 얼음 속에서
>헤엄치는 작은 물고기에게도
>심장이 있다는 걸
>먼지 가득 덮인 책처럼
>나는 오랫동안 외면해왔다.
>　　－「슬픔에도 심장이 있다」 일부

시「슬픔에도 심장이 있다」에서 '심장'이란 어휘는 '생명'으로 대체 가능하며, '살아 있다'라는 의미로 해석할 수도 있다. 따라서 이 작품의 주제는 하찮은 사물이나 현상도 생명을 지니고 있으니 존중해야 한다는 의미일 것이다. 시의 화자는 그러한 사실을 인지하지 못한 채 "먼지 가득 덮인 책처럼" "오랫동안 외면해왔다."

세상의 사물과 현상을 생명체로 인식하며 돌멩이 혹은 시냇물과도 대화가 가능하다는 사실, 이것은 시인의 인식체계에 큰 변화가 생겼음을 의미한다. 그랬을 때 시인은 불가시의 세계를 볼 수 있고, 잠재의식의 세계를 읽어내면서 새로운 시세계로 진입할 수가 있다. 이것이 시인의 다음 작품을 기대할 수밖에 없는 이유이기도 하다.

4.

이상철 시인은 가족에 대한 연민이 특별하다는 것을 느낄 수 있다. 아버지를 소재로 한 작품과 아내와 자녀를 소재로 삼은 작품이 곳곳에서 눈에 띄는데, 작품의 형상화에도 몹시 공들인 흔적이 감지되고 있다. 그중에서도「아버지의 호박꽃」은 아버지에 대한 사랑이 독창적으로 은유된 수작이라고 할 수 있다. 시「아버지의 호박꽃」은 제6장까지 연작시 형태로 구성되었는데, 지면이 한정되어 있기 때문에 필요한 부분만 인용하기로 하겠다.

1.

지상에 닿을 듯

절망에 닿을 듯

낮게 깔려 엉금엉금 기어가는

저 낮은 몸뚱어리

2.

나는 청맹과니인가 봅니다.

눈을 뜨고도 내 앞에

한가득 꽃이 핀 것을 보지 못했으니

키 작은 아버지 가슴속에

언제나 노랗고 노란,

아무렇게나 생긴 저토록 멋없는 꽃들이

날마다 피어 있었는지를,

3.

겹겹의 잎 사이로 피어난 것이 한가득 사랑인 줄을

몰랐습니다, 호박 열매만이 다가 아니란 걸

아는 데, 수십 번의 호박꽃이 피고 지고

수많은 잎들이 바뀌고서야,

호박잎 하나 정도 알았습니다.

4.
내가 바라는 노란 꽃들은
지상에 없는 것들인가 봅니다.
명예, 돈, 권력, 커다란 집
이 중 뭐 하나도 갖지 못한 채,
노랗게 닮은 얼굴, 가난한 옷으로만 살아온 아버지
(… 하략 …)

- 「아버지의 호박꽃」 일부

 이 작품에서 '호박' 혹은 '호박꽃'은 아버지를 상징하는 객관적 상관물로 기능한다. 시인은 호박꽃이 피고 열매가 맺는 과정을 아버지의 삶으로 환치하면서 그러한 삶 자체가 사랑이었음을 뒤늦게야 깨닫는다.

 제1연의 "지상에 닿을 듯 / 절망에 닿을 듯 / 낮게 깔려 엉금엉금 기어가는 / 저 낮은 몸뚱어리"는 호박넝쿨을 형상화한 것이지만 동시에 아버지의 굽은 몸뚱어리를 표현하고 있기도 하다. 호박농사를 짓는 아버지를 호박넝쿨과 동일한 맥락에 놓음으로써 구불구불 살아가는 늙은 아버지의 모습을 독창적으로 승화시키고 있다.

제2연과 제3연에서는 아버지의 사랑을 정확히 인지하지 못한 자신을 자책하는데, "눈을 뜨고도 내 앞에 한가득 꽃이 핀 것을 보지 못"한 자신을 청맹과니라고 한탄하기에 이른다. "아버지 가슴속에" "노랗고 노란" "저토록 멋없는 꽃들이" "겹겹의 잎 사이로 피어난 것이" 사랑인 줄 모르고, "호박 열매만이 다가 아니란 걸 아는 데"만도 "수십 번의 호박꽃이 피고 지고, 수많은 잎들이 바뀌고서야 호박잎 하나 정도" 알았을 뿐이라고 고백한다.

나이 든 아버지의 모습이 정확하게 보인다는 것은 이상철 시인 역시 나이가 들어간다는 증거일 것이다. 인간은 어리석게도 40대의 아버지를 10대에 이해하지 못하고, 70대의 아버지를 40대에 또한 이해하지 못한다. 아버지를 제대로 볼 수 있으려면 아버지만큼 삶의 고락을 헤쳐 나와야 하는데, 그때는 저세상으로 가신 뒤가 대부분이다. 젊은 시인이 아버지 혹은 한 인간의 생을 적나라하게 들여다보고 미적 정서로 승화시킬 수 있는 것은 인간에 대한 사랑이 지극하기 때문일 것이다.

그러나 뭐니뭐니해도 이 시의 백미는 '호박꽃'이 '아버지' 자체였다가, 아버지가 애지중지하는 자식이었다가, '명예, 돈, 권력, 커다란 집'으로 은유되면서 다양한 이미지를 생성

함과 동시에 중층적·입체적으로 형상화되고 있다는 점이다. 어휘의 선택이 적절하고 감정 또한 과잉되지 않아서 담백한 아름다움을 창출해내고 있다. 이러한 형상화는 아버지의 성실·소박함을 더욱 도드라지게 해주는 데 기여하고 있다.

또 다른 작품 「꿈은 속이지 않는다」를 보면, "나에게 꿈이 있다/ 내 아버지가 낡은 자전거로 나를 등 뒤에 태우고 달렸던" "들판에 또다시 내 아이와 함께" "햇살 받아 반짝이는 자전거로 힘차게 달릴 때 깔깔대며 기뻐하는 꿈"이라고 형상화하고 있다.

시인이 아들에 대한 이야기를 할 때마다 그 상상력은 아버지와 연결되고 있다. 그러한 사실은 "아버지가 심어 가꾼 밤나무에" 커다란 밤송이가 열리면 아이와 함께 까치발 딛고 밤을 따겠다는 형상화에서도 확인할 수 있다. 이것은 이상철 시인의 가계도에서 아버지와 나와 아들은 떼어놓고 논의할 수 없다는 단호한 의지의 표현일 것이다.

1.
고마워, 작은 심장아
작은 소리도 크게 듣고
어둠 끝 작은 불빛에도 눈부셔한 너를
뽀얗고 작은 손을 움켜쥔 채 태어난 너를

두 손을 모아 안았을 때, 정말로

우주보다 넓을 만한 감동을 받았어.

(… 중략 …)

7.

수고했어, 작은 심장아

네가 달려온 길에 피어낸 많은 생각들이

네가 뿌려온 작은 씨앗들이 거대하게 물결칠 거야

포기하지 않았던, 너의 굳은 마음도

혼자 울며 감당하기 힘들었던 추억도

네가 만든 작은 섬들에도

거대한 꽃밭을 이루어, 성대한 향기를 뿜어낼 거야

─「작은 심장에게」일부

시작품「작은 심장에게」는 아들에게 쓰는 편지 형식을 띠며, 연작시 형태로 제7장까지 구성되어 있다. 각 연의 첫 행은 한결같이 "고마워, 작은 심장아", "힘을 내, 작은 심장아", "걱정 마, 작은 심장아", '달려봐, 작은 심장아', "울지 마, 작은 심장아", "화내지 마, 작은 심장아", "수고했어, 작은 심장아" 등으로 시작된다.

여기서 '작은 심장'은 갓 태어났을 때의 아들딸을 지칭할 것이다. 그들이 막 태어났을 때 해주는 말로 시작해 성장기에 맞게 격려하고 용기를 주는 아버지의 기도가 펼쳐지고 있다.

앞에서도 논의했듯이, 이상철 시인은 가족애가 남다르다. 교육자라서 그러기도 하겠지만 자녀의 교육과 성장에 지대한 관심을 지니고 있는 게 사실이다. 그의 가족 사랑의 행보는 늘 부모로부터 시작해 자녀에게로 귀결된다.

5.
시는 예술작품이다. 예술작품이 훌륭하다는 평가를 받으려면 예기(藝氣)가 반짝여야 한다. 예기는 학문적이어서도 안 되고, 관념적이어서도 안 되며, 고착된 사고를 배제할 때 빛을 발한다. 즉, 시는 말랑말랑한 감성과 숨구멍이 열린 이성을 바탕으로 탄생해야 한다는 의미이다. 시에서는 지식을 드러내려고 해서도 안 되고, 이념적 구호를 앞세워서도 안 된다. 가장 일상적인 언어로 구사하지만, 그 내용은 독특한 상징과 은유와 이미지를 함의하고 있어야 한다.

삶을 철학적으로 고찰하되 그것을 구현한 시는 예술적이어야 하는데 몇 작품은 지식 혹은 철학에 경도되어 있다는 아쉬움이 있었다. 그럼에도 불구하고 희망적인 것은 좋은 시를 붙

잡기 위한 노력이 대단하다는 점이다. 그동안 공부한 것들을 발판으로 한 단계 뛰어오르면 말랑말랑하게 곰삭은 시, 잘 익은 술처럼 향기로운 시를 낳으리라 믿는다.

좋은 시는 노력과 더불어 시간이 필요하다. 15세 소년이 아무리 노력해도 무르익은 시를 내놓을 수 없듯이 삶을 올바르게 견지해온 자만이 시의 빛나는 지경을 만나게 될 것이다. 그럴 때, 좋은 시를 추구하는 길은 구도자의 길이나 마찬가지이다. 이즈음에서 시 같은 사람, 시 같은 삶을 논해도 좋을 것이다.

이상철 시인의 두 번째 시집 발간을 진심으로 축하한다. 좋은 시를 쓰는 시인, 좋은 삶을 사는 시인을 만나게 되어 매우 기쁘다.

아버지의
호박꽃

오름시인선 · 66
아버지의 호박꽃

펴낸날 _ 2022년 12월 1일
지은이 _ 이상철
발행처 _ 기획출판 오름 / 발행인 _ 김태웅
        등록번호 _ 동구 제364-1999-000006호
        등록일자 _ 1999년 2월 25일
        주소 _ 대전광역시 동구 대전로 815번길 125 2층 (삼성동)
        전화 _ 042.637.1486
        팩스 _ 042.637.1288
        e-mail _ orumplus@hanmail.net

ISBN _ 979-11-89486-72-3

값 10,000원

· 잘못된 책은 바꾸어드립니다.
· 지은이와의 협의에 의해 인지는 생략합니다.